Gestion du stress et de l'anxiété En français/ Stress and Anxiety Management In French:

La solution CBT pour soulager le stress, Attaques de panique et anxiété

Table des matières

difficultés ou des dommages qui pourraient leur arriver après avoir pris les informations décrites ici.

En plus, les informations contenues dans les pages ont des raisons informatives uniquement et doivent donc être considérées comme universelles. Les informations présentées sont sans assurance quant à leur validité continue ou à leur qualité provisoire. Les marques de commerce mentionnées sont faites sans autorisation écrite et ne peuvent en aucun cas être considérées comme une approbation du titulaire de la marque

Chapitre 1: Introduction à la TCC

La thérapie cognitive-comportementale (TCC) a gagné en popularité ces dernières années en tant que solution contre l'anxiété, le stress et les crises de panique, ce qui élimine largement le besoin de médicaments. L'élimination des médicaments élimine également les effets secondaires néfastes - et même la possibilité de développer une dépendance.

La thérapie cognitive se concentre sur le changement de vos croyances et de vos schémas de pensée associés ou déclencheurs de stress, d'anxiété ou de crises de panique. Avec CT, vous êtes formé pour comprendre que vos croyances produisent des pensées, les pensées produisent des sentiments, puis les sentiments produisent un comportement. En termes simples, tout est dans l'esprit.

Vous pouvez minimiser ou même éliminer votre stress ou votre anxiété simplement en modifiant votre perception et vos schémas de pensée, avant même que le problème en question ne soit réglé. Cela vous indique qu'il est possible que deux personnes soient confrontées aux mêmes circonstances négatives, dans lesquelles l'une reste calme et paisible tandis que l'autre sombre dans l'inquiétude et l'anxiété. Qu'est-ce qui fait la différence? Ce sont leurs croyances et leurs pensées.

La thérapie comportementale, en particulier, vous expose à vos peurs dans un environnement sûr afin que vous puissiez apprendre à atteindre ces déclencheurs. Supposons que vous ayez peur d'entrer dans le bureau de votre superviseur et d'exprimer votre mécontentement à propos de votre lieu de travail. Commencez par analyser cette peur. Quel est le pire qui puisse arriver? Le superviseur va-t-il vous détourner ou vous crier dessus - ou vous qualifier d'incitateur? Bien que toutes ces possibilités soient des possibilités, elles peuvent ne pas se produire du tout.

Faites un plan pour affronter votre peur. Écrivez exactement ce dont vous n'êtes pas satisfait au travail. Décrivez vos points avec clarté et sans biais. Ensuite, prenez rendez-vous avec le superviseur. Si vous travaillez dans un environnement un peu indépendant, vous pouvez contourner les formalités et frapper directement à sa porte. Asseyez-vous et expliquez calmement pourquoi les problèmes particuliers doivent être résolus et observez la réaction.

Il y aura certainement des moments de sueur, mais vous sortirez de ce bureau en vous sentant responsabilisé, célébrant votre petite victoire de faire le premier pas. Après cela, l'idée de s'adresser à vos aînés ne vous désarmera plus. Ce n'est qu'un exemple - vous pouvez certainement appliquer la même technique à vos autres peurs et voir la réaction. Souvent, les pires scénarios que vous avez évoqués dans votre esprit ne se produisent même pas. À l'avenir, vous pourrez vous référer à cette incidence pour vous rappeler que l'inquiétude ne résout rien - agir, le fait.

En général, la TCC fait référence à une gamme de thérapies qui cherchent à souligner le rôle critique des croyances et de la conscience de soi dans les émotions, les pensées et les actions d'un individu.

Que pouvez-vous attendre des séances de thérapie?

Les sessions TCC, comme toute autre formation, sont limitées dans le temps. Ils visent à vous entraîner à vous débarrasser de la pensée rétrogressive et à adopter des pensées plus positives. Une fois que cela est réalisé, la plupart du temps après environ 15 séances, vous pouvez ensuite pratiquer ce que vous avez appris.

Le thérapeute travaille avec vous pour identifier les problèmes qui vous causent du stress, de l'anxiété et / ou des crises de panique. Comment avez-vous tenté de résoudre ces problèmes dans le passé? Votre réponse vous aidera à évaluer vos croyances, vos perceptions, votre réflexion et vos compétences en résolution de problèmes. Vous serez ensuite guidé sur de meilleures techniques de traitement des problèmes.

Avantages de la TCC

1. La TCC présente à votre cerveau une façon nouvelle, différente et plus informée de voir le monde et vous-même. Cela vous change de l'intérieur. C'est bien plus que de traiter le problème en question. Dans d'autres thérapies, l'attention se concentre sur le problème. Prenons un exemple concernant le divorce. L'attention sera attirée sur les incidences particulières du divorce - déchirer les souvenirs pour comprendre ce qui s'est passé et ce que la victime en a ressenti, puis chercher une solution. La TCC adopte une approche différente - celle de changer la perception de la victime vis-à-vis de l'incident et de créer une nouvelle façon de le voir. La victime acquiert des compétences qui peuvent être utilisées même dans le futur. Au cas où des défis se présenteraient

à nouveau, ils rencontreront une nouvelle personne mieux préparée à faire face.

2. Vous apprenez à contrôler votre pensée. Parfois, confronté au stress, à l'anxiété ou à la panique, le cerveau semble acquérir une vie propre. Vos pensées prennent une poussée d'adrénaline et s'emballent et échouent souvent à trouver une solution significative. TCC vous apprend à contrôler votre pensée. Tout comme vous contrôlez vos pas, en décidant de marcher lentement ou de courir vite, vous pouvez contrôler vos pensées. Lorsque vous avez un problème sous la main, vous pouvez ralentir et réfléchir de manière rationnelle et claire, ce qui augmentera vos chances de trouver une solution et de rester calme dans le processus.

3. Vos croyances sur vous-même évoluent vers le positif. Cette vie avec tous ses hauts et ses bas peut vous intimider et vous considérer comme faible, vulnérable et incapable. Avec le temps, ces notions font partie de vous. La TCC vous aide à vous réaffirmer avec des pensées positives, vous rappelant que vous êtes fort, courageux et capable. Cela renforce votre confiance et vous place dans une meilleure position pour relever les défis à l'avenir.

4. Une fois que vous avez appris à gérer votre stress, votre anxiété et votre panique, vous traversez une vie plus détendue et calme. Ces émotions peuvent faire des ravages dans votre vie, faire de vous un prisonnier de vos pensées et vous balancer à volonté. En apprenant de meilleures pratiques pour y faire face et les gérer, vous pouvez vous attendre à des jours plus stables à venir.

5. Vous apprenez à vous attendre à des résultats positifs de la vie. Si votre passé a été en proie à tant de problèmes, vous apprenez à vous attendre à cela. Puisque vous attirez ce que vous pensez, vous finissez par vivre des circonstances encore plus négatives. Avec des pensées positives, vous apprenez à vous attendre à des choses agréables. Vous changez votre comportement pour correspondre à quelqu'un qui attend de bonnes choses. Comme vous le croyez, ainsi vous sont-ils accordés. Dans les chapitres suivants, qui apprendra diverses pratiques qui changeront votre vie pour le mieux.

Chapitre 2: Décoder le stress et l'anxiété

Le stress et l'anxiété partagent plusieurs symptômes - à tel point que les termes sont souvent utilisés de manière interchangeable. Parfois, vous ne savez peut-être pas de quoi vous souffrez, car les symptômes peuvent s'entremêler.

Le stress survient lorsque le corps est exposé à un déclencheur externe et est principalement une expérience temporaire. Une fois le déclencheur traité, le stress disparaît. Le stress peut en fait être positif dans certains cas. Par exemple, lorsque vous avez un délai serré à respecter et une charge de travail à faire, le stress qui en résulte peut donner une poussée d'adrénaline qui vous permet de rivaliser pour le travail juste à temps. Vous auriez pu jurer que vous ne géreriez pas cette tâche dans le temps imparti - pourtant vous y êtes.

Le stress peut également vous conduire à prendre une décision radicale que vous n'aviez pas le courage de prendre auparavant, comme lorsque votre patron fait un commentaire dur et irrespectueux à votre égard et que vous vous retrouvez à rédiger cette lettre de démission que vous évitez depuis des mois.

En revanche, ce qui est souvent le cas, un stress prolongé est nocif pour votre esprit et votre corps. Lorsque la pression externe devient trop forte et que vous avez du mal à faire face, les effets négatifs commencent à se manifester. La pression ici pourrait provenir de problèmes non résolus concernant votre travail, vos finances, votre mariage, vos relations, votre perte, votre famille, votre entreprise, etc.

Symptômes du stress

Symptômes émotionnels

À mesure que le stress vous affecte, vous commencez à devenir irritable et de mauvaise humeur. Vous serez en colère contre n'importe qui et n'importe quoi sans raison particulière. Personne n'aime être entouré d'une personne de mauvaise humeur, et ceux qui vous entourent vous éviteront au pire et vous toléreront au mieux. Si vous ne leur confiez pas ce qui se passe, étant donné que vous ne le savez peut-être pas non plus, ils vous traiteront avec le même mépris, ce qui aggravera votre stress.

La frustration qui en résulte vous amènera à éviter les autres. Vous éviterez les rassemblements sociaux et vous éviterez le travail / l'école à chaque occasion que vous aurez. Maintenant, vous perdez l'occasion de parler de vos problèmes avec quelqu'un qui pourrait vous indiquer une solution, et vous finissez par lutter contre le stress pendant beaucoup plus longtemps.

Le stress transforme votre esprit en champ de bataille, avec des pensées qui tournent et se retournent pour essayer de trouver une solution. Vous constaterez que vous avez du mal à essayer de calmer l'esprit. Les pensées vous submergent et vous vous sentez comme si vous deveniez incontrôlable. Avec une telle négativité à l'intérieur de vous, vous pouvez éventuellement souffrir d'une faible estime de soi, vous sentant souvent faible, solitaire, sans valeur et sans attrait.

Symptômes physiques

Un stress prolongé affecte le corps de bien des façons. Les maux de tête sont parmi les signes les plus courants de l'apparition d'une période de stress. La douleur est pire à l'arrière de la tête et s'étend jusqu'au cou. Si le conflit n'est toujours pas résolu, les maux de tête augmentent en fréquence et en intensité. Au début, les comprimés antalgiques courants peuvent fonctionner, mais avec le temps, vous aurez besoin de médicaments plus puissants jusqu'à ce que rien ne semble plus fonctionner.

Le stress affaiblit également le système immunitaire et vous vous retrouvez à souffrir de maux dont vous n'avez pas souffert auparavant, ou du moins pas si souvent. Vous pouvez faire face à des rhumes, des maux d'estomac, de la constipation et même de la diarrhée. Couplées à l'énergie réduite, les maux opportunistes ne font qu'ajouter plus de tension à une situation déjà tendue.

Vous pouvez ressentir des périodes de transpiration nerveuse et de tremblements, surtout lorsque la gâchette est proche. Votre cœur battra rapidement et vous ressentirez tous ensemble la dissolution. Le resserrement de la mâchoire est également courant, le plus souvent inconsciemment, comme si vous rassembliez en interne le courage de gérer le tourment dans votre esprit.

Le stress nuit à votre libido, en particulier chez les hommes. Votre désir sexuel diminue ou disparaît complètement. Les hommes peuvent souffrir d'éjaculation précoce ou de dysfonctionnement érectile. Si vous êtes confronté à une combinaison de ces symptômes face à une certaine pression dans votre vie, il est temps de demander de l'aide.

Symptômes comportementaux

Le stress modifie votre comportement de plusieurs manières. Commençons par votre appétit. Il peut être affecté, de toute façon, de sorte que vous finissez par trop manger ou sous-manger. Si vous ne mangez pas suffisamment, vous réduirez davantage votre niveau d'énergie et vous vous retrouverez aux prises même avec les tâches les plus élémentaires. Si le stress provoque vos fringales et votre sensation de faim, vous risquez d'en consommer excessivement, principalement dans les fast-foods sucrés et gras afin de vous réconforter. Bientôt, vous serez peut-être confronté à un excès de poids et à la multitude de problèmes de santé qui en découlent.

Le sommeil est également interrompu, tant en qualité qu'en quantité. Alors que vous dormiez profondément chaque nuit, vous vous retrouvez maintenant à vous tourner et vous retourner dans votre lit pendant des heures, incapable de dormir réparateur.
Vos journées seront colorées de négativité, ne voyant presque rien d'agréable même dans les choses que vous aimiez auparavant.

Votre travail en souffre également car vous vous trouvez incapable de vous concentrer sur une seule tâche pendant un certain temps. Votre jugement sera obscurci et vous aurez du mal à prendre des décisions. Il y a la tentation de continuer à reporter les tâches et généralement d'éviter la responsabilité à tout prix.
Ces symptômes semblent sombres, mais il y a définitivement de l'espoir au bout du tunnel. Étant donné que le stress résulte d'une pression identifiable particulière, il peut être traité en triant le problème, ou du moins en pensant que vous pouvez mieux s'adapter aux changements.

Symptômes d'anxiété

L'anxiété est souvent le résultat du stress. C'est une préoccupation constante pour l'avenir, s'attardant principalement sur des possibilités négatives. Alors que le stress consiste à s'inquiéter de ce qui se passe, l'anxiété est l'inquiétude constante sur ce qui pourrait arriver.

Une légère anxiété est normale - vous la ressentez au premier jour d'école de votre enfant, avant de faire une présentation, lors d'une entrevue, etc. Il n'y a rien de mal à cette forme d'anxiété, et elle se dissipe dès que vous surmontez la tâche particulière.

L'anxiété devient une préoccupation lorsque l'inquiétude est constante, même si vous ne pouvez pas dire la cause exacte de l'inquiétude. Même lorsque vous êtes en mesure d'identifier la source du malaise et de commencer à y faire face, l'anxiété ne disparaît pas. Il pend juste au-dessus de votre tête pour vous rappeler que les choses pourraient empirer.

La plupart des symptômes de l'anxiété sont similaires à ceux du stress. D'autres sont assez différents et ont tendance à durer plus longtemps puisque l'anxiété ne disparaît pas dès que le déclencheur est éliminé comme c'est le cas avec le stress.

Excès de souci

Si vous souffrez d'anxiété, vous vous soucierez excessivement de chaque petite chose, évoquant des images des pires scénarios dans votre esprit. Il est donc difficile de se concentrer sur une tâche, car vos pensées s'emballent et ne se fixent sur rien en particulier. Cela interrompt votre vie quotidienne, ce qui rend difficile d'interagir avec les gens ou de faire quoi que ce soit de significatif.

Agitation

Avez-vous des crises de colère même sans provocation particulière? Vous allez crier, vous moquer des gens, lancer des objets et même alors vous ne vous sentirez pas mieux. Si quoi que ce soit, l'agitation dans votre esprit ne fera qu'augmenter. Malheureusement, une telle attitude éloigne également les gens de vous, ce qui réduit les chances d'obtenir l'aide dont vous avez besoin.

Agitation et fatigue

Ces deux semblent être une contradiction. Une personne agitée doit se déplacer et tenter une tâche ou une autre. Une personne fatiguée, en revanche, sera probablement allongée sans beaucoup d'énergie pour faire quoi que ce soit. Comment alors les 2 peuvent-ils aller ensemble? Eh bien, avec l'anxiété, cela arrive réellement. Vous serez agité, souvent en train de faire les cent pas et de toucher l'une ou l'autre des tâches, mais à peine faire quoi que ce soit. Vous vous sentirez fatigué de corps et d'esprit, incapable de vous concentrer sur quelque chose en particulier. À la fin de la journée, vous passerez simplement votre temps sans rien faire de significatif.

Tension musculaire

L'anxiété provoque des respirations courtes et superficielles et, par conséquent, vous vous retrouvez avec un oxygène insuffisant dans la circulation sanguine. Cela entraîne une tension musculaire. La tension ressemble à de la fatigue, surtout lorsque vous êtes dans la même position depuis longtemps, comme si vous étiez assis au bureau pendant des heures. Finalement, la tension causera de la douleur. Vous pouvez obtenir un soulagement temporaire en tendant et en relâchant périodiquement les muscles.

Solitude

L'anxiété vous éloigne des gens. Si vous étiez auparavant sociable et que vous trouviez toutes les excuses pour ne pas passer votre porte, vous pourriez souffrir d'anxiété. Cela vous remplira d'inquiétude et peindra des images de scénarios négatifs qui pourraient se produire si vous sortez. Et si les gens ne vous aiment pas? Et s'ils se moquaient de votre apparence? Et si vous essayez de parler devant des gens et que vous êtes gêné? Les voix dans votre tête vous combleront de tous ces soucis, et vous aurez du mal à sortir de la maison.

Crises de panique

Une crise de panique est une sensation de peur intense et accablante. Elle s'accumule brusquement et peut s'accompagner de tremblements, de transpiration, d'hyperventilation, d'oppression thoracique et de nausées. Une attaque de panique peut vous faire perdre le contrôle tout d'un coup. Pour un observateur, vous pouvez apparaître comme ayant une crise cardiaque. Recherchez les mesures à prendre lorsque l'attaque frappe, qui ont été couvertes dans un autre chapitre.

Même après avoir couvert ces symptômes, il est parfois difficile de dire si vous souffrez de stress et d'anxiété. «N'est-ce pas normal de s'inquiéter? Je suis juste un peu gêné par certains problèmes, mais je ne suis pas vraiment malade. »Vous pouvez essayer de rationaliser ce que vous ressentez, afin de ne pas tomber dans la catégorie des personnes qui souffrent de problèmes mentaux. Cela peut être dangereux, car si rien n'est fait, les émotions peuvent conduire à la dépression.

Si vous n'êtes pas sûr de ce que vous ressentez ou de votre comportement ces derniers temps, demandez à un ami de confiance. Avez-vous évité des occasions auxquelles vous avez assisté auparavant? Y a-t-il des amis proches auxquels vous n'avez pas parlé depuis des lustres? Avez-vous présenté un changement de comportement notable? Vous avez peut-être manqué ou justifié ces signaux, mais quelqu'un de l'extérieur peut le dire.

Peut-être que votre entourage, y compris votre famille, se demande comment aborder votre changement de comportement, mais une fois que vous demandez leur opinion honnête, vous ouvrez un canal pour une discussion qui pourrait vous permettre de recevoir l'aide dont vous avez besoin.

Prenez l'habitude de tenir un journal. Lorsque vous sentez que vous ne pouvez parler à personne, posez-le. L'écriture élimine l'élément d'être jugé. Il détient également vos secrets pour vous, des problèmes que vous ne seriez pas à l'aise de dire à quelqu'un d'autre.

La lecture de votre propre journal peut conduire à un auto-diagnostic. Examinez vos schémas de pensée et votre comportement sur une période de temps et établissez un schéma qui vous informera de ce qui a changé à votre sujet. Si vous remarquez un changement négatif, c'est certainement une source de préoccupation.

Vous pouvez également parler à un spécialiste qui connaît bien les questions de stress et d'anxiété. Un thérapeute choisira des indices même parmi ces petites choses que vous pouvez ignorer. La plupart des gens évitent de parler à un conseiller car ils ne veulent pas se sentir interrogés ou voir leur vie privée empiété. Ils sont agréablement surpris de constater que les thérapeutes vous posent des questions suggestives et que vous vous retrouvez à vous ouvrir de votre plein gré.

Vivre le stress et l'anxiété n'est pas nouveau. Le but est de faire un effort pour les gérer et les tenir à distance autant que possible. Que vous souffriez déjà de ces conditions ou que vous lisiez ce livre comme mesure de prévention, vous trouverez de nombreuses techniques pour vous guider.

Chapitre 3: Faire face au stress

Façons positives de faire face au stress

Identifier la source du stress

Pouvez-vous identifier ce qui vous cause des tensions? Parfois, la source est simple - comme une relation ratée, un divorce, un travail désagréable, des factures, etc. Dans d'autres cas, vous ne pouvez pas vraiment dire ce qui cause la tension - du moins pas tant que vous n'y pensez pas de manière critique. Parfois, le stress vous envahit lentement mais régulièrement, de sorte qu'au moment où vous remarquez la tension, vous ne pouvez pas vraiment dire quand cela a commencé.

Si vous faites partie de ce deuxième groupe, celui-ci est pour vous. Analysez votre situation dans le but d'établir le modèle de votre stress. Depuis combien de temps êtes-vous malheureux? Si vous ne pouvez pas comprendre cela, alors demandez: à quand remonte la dernière fois que j'ai été vraiment heureux? Cela pourrait être il y a des mois, voire des années. Qu'est-ce qui a changé cela? Quand la joie et le contentement ont-ils commencé à s'estomper?

Souvent, vous vous rendrez compte qu'une bonne situation a commencé progressivement vers le sud, et la tension s'est progressivement installée et vous a presque pris au dépourvu. Vous auriez pu vivre un mariage heureux, les choses ont lentement changé. Vous auriez pu être satisfait de votre travail, puis avec le temps, il a exigé de plus en plus de votre temps. Vous auriez pu vous débrouiller financièrement, mais les dépenses ont augmenté à mesure que vos enfants progressaient à l'école. Ces changements lents augmentent peu à peu votre stress jusqu'à ce que vous puissiez à peine dire quand il a commencé. Une fois que vous aurez analysé votre situation et déterminé la source du stress, vous aurez une longueur d'avance dans sa gestion.

Que faut-il changer?

Une fois que vous avez identifié votre source de stress, déterminez ce qui doit changer et trouvez le courage d'amorcer ce changement. Nous nous vautrons souvent dans l'inconfort simplement parce que c'est familier. Déterminez à surmonter la peur du changement et à vous ouvrir à un meilleur endroit.
Si vous avez un travail stressant, parlez à votre patron de l'ajustement de vos conditions de travail. Si les choses ne semblent pas s'améliorer, vous pouvez également envisager de vous retirer de l'emploi. Vous pouvez trouver un emploi avec de meilleures conditions ou démarrer votre propre entreprise.

La même chose s'applique aux relations. Si le fait de s'accrocher vous cause plus de douleur que de lâcher prise, il est peut-être temps de l'appeler un jour. La tension d'une relation qui ne fonctionne pas est pire que d'être seul. Prenez le temps de renouer avec vous-même et de vous rappeler vos objectifs, vos rêves, votre vision et votre but dans la vie. Vous devez passer à la relation suivante avec clarté, sachant exactement ce que vous vous attendez à donner et à recevoir.

Si vos finances sont le problème, vous devez trouver des sources de revenus supplémentaires. Prenez un deuxième emploi. Faites en sorte que votre conjoint travaille également. Explorez les méthodes de travail en ligne. S'il n'y a pas d'argent supplémentaire à venir, envisagez de réduire vos dépenses à la baisse.

Ce ne sont là que quelques exemples des modifications que vous pouvez apporter. Déterminez l'ajustement que vous devez faire en fonction de votre situation personnelle. Être assez audacieux pour effectuer le changement vous donne le sentiment d'être autonome - un bon endroit pour commencer votre voyage vers une vie sans stress.

Détendez-vous tous les jours

Chaque jour comporte ses propres défis. Ces questions fatiguent votre esprit, votre cœur et votre corps et, si elles s'accumulent, cela entraînera du stress. Trouvez quelque chose d'agréable et de relaxant à faire à la fin de la journée pour distraire votre esprit des problèmes que vous traversez. Relancez un vieux passe-temps. Ou en obtenir un nouveau. Réservez du temps chaque jour pour vous livrer à cette activité qui vous donne tellement de joie que vous sentez à peine le temps passer. Il peut s'agir de regarder un film / documentaire / sport, écouter de la bonne musique, lire, cuisiner, coudre, dessiner, peindre, méditer, jardiner, faire du vélo, etc.

Amenez l'activité un cran plus haut en fixant un objectif. Vous pouvez décider, par exemple, de lire un livre chaque semaine. Ou apprenez une nouvelle technique de dessin / peinture en 10 jours. Ou faites du vélo 2 kilomètres par jour. Que diriez-vous de cultiver un nouvel ensemble de légumes / fleurs le mois prochain?

Fixer un objectif change votre énergie. Vous êtes maintenant préoccupé par l'élaboration de stratégies pour atteindre l'objectif. Rejoignez une communauté de passionnés. Cela peut être dans votre quartier ou même en ligne. Cela vous ouvre à un tout autre niveau: vous engager avec les autres, échanger des conseils, vous responsabiliser mutuellement, développer vos compétences, participer à des compétitions et éventuellement vous faire des amis pour la vie. Peu importe ce qui se passe dans votre vie, vous aurez toujours quelque chose à espérer.

Vous prioriser

Peu importe à quel point les choses sont folles autour de vous, prenez du temps pour vous. Exercice. Choisissez une forme d'exercice physique que vous aimez. Vous pouvez marcher, faire du jogging, courir, faire du vélo, nager, faire de l'aérobic, etc. Faites-le à l'extérieur autant que possible, les images et les sons de la nature sont une thérapie en soi. À l'intérieur, écoutez de la musique et dansez, parfois vigoureusement, jusqu'à ce que vous transpiriez.

Mangez des repas sains et équilibrés. Réduisez les fast-foods transformés en optant pour des aliments frais. Le stress peut vous priver de votre énergie, et une alimentation saine et nutritive est exactement ce dont vous avez besoin pour vous nourrir. Une alimentation saine vous éloigne également de la maladie. Vous ne voulez certainement pas aggraver ce qui vous trouble en raison de votre santé. Dans le cas où vous êtes déjà aux prises avec un problème de santé ou un autre, une alimentation saine vous aidera à mieux gérer la maladie et à améliorer votre paix du corps et de l'esprit.

Dormez suffisamment, en qualité et en quantité. Vous pouvez rester au lit pendant 8 heures, mais la majeure partie de ce temps est consacrée à tourner et à se retourner pour lutter contre les pensées de votre esprit. Une fois que le stress perturbe votre sommeil, vous passerez le jour suivant fatigué et à peine capable d'exécuter une tâche significative. Cela ne fait qu'ajouter au stress, non? Ensuite, le stress vous empêche de dormir à nouveau, et la spirale descendante continue. Induisez le sommeil avec tout ce qui vous convient: lecture, musique, bain relaxant, etc. Après un bon repos, vous serez alerte et mieux placé pour faire face aux problèmes qui vous causent du stress.

Vous n'avez pas à laisser ce que vous ressentez se refléter à l'extérieur. Faites attention à votre hygiène et à votre toilettage. Obtenez une nouvelle coupe de cheveux. Ajoutez de nouvelles pièces à votre garde-robe. Recevez un message. Ou un soin du visage. Brille de l'extérieur. Une fois que vous aimez ce que vous voyez dans le miroir, vous serez plus confiant pour aller là-bas et faire bouger les choses.

Gérer votre temps

Si vous avez l'impression de toujours courir avec des tonnes de choses à faire, vous devez également apporter des modifications ici. Passez-vous trop de temps au travail avec pratiquement pas de temps pour autre chose? Vous devez peut-être explorer des moyens plus efficaces de faire le travail pour ne pas avoir à prendre autant de temps. Il pourrait y avoir un logiciel ou une application qui peut faire le travail plus rapidement. Déléguer est également une option. Que diriez-vous de travailler à domicile parfois pour pouvoir utiliser le temps autrement passé dans la circulation?

En ce qui concerne les autres tâches, faites une liste de choses à faire pour la semaine et divisez-la en activités quotidiennes. Commencez vos journées tôt pour en faire plus. Il y a ces tâches que vous seul pouvez faire. Comme assister à la réunion des parents à l'école de votre enfant. D'autres, comme le shopping, vous pouvez déléguer. Vous n'avez pas à tout faire, vraiment. Externaliser ce qui peut être fait par d'autres. Utilisez les services en ligne. Laissez les membres de votre famille participer et vous aider. Sinon, vous courrez tous les jours, mais vous n'aurez guère de temps à consacrer à vous-même.

Apprenez à dire non. Vous n'avez pas à vous sentir coupable de fixer des limites. Parfois, vous en avez juste assez entre les mains et vous devez respecter respectueusement les autres invitations. Vous ne pouvez pas être partout. Vous ne pouvez pas plaire à tout le monde. Cela pourrait déranger certaines connaissances, mais telle est la vie.

Parlez à quelqu'un

Un problème partagé avec l'oreille droite est vraiment un problème à moitié résolu. Vous n'êtes pas obligé de lutter seul contre vos problèmes. Parler en soi est thérapeutique - vous vous sentez plus léger avant même de commencer à discuter des options possibles. Vous pouvez également vous écouter décrire le problème. Il est possible de combattre un problème dans votre esprit pendant si longtemps, sans jamais le dire. Le simple fait de le dire à voix haute vous donne une certaine clarté.

Parlez à un ami, un membre de la famille, un collègue ou une connaissance. Le stress obscurcit votre jugement et votre raisonnement, ce qui rend encore plus difficile de trouver des solutions aux facteurs de stress. Quelqu'un d'autre qui vous écoute et examine la situation d'un œil critique est mieux placé pour vous aider à trouver une issue.

Si vous préférez parler à un inconnu, il existe des conseillers professionnels en ligne et hors ligne. Ils sont formés pour traiter avec des personnalités diverses sur un large éventail de sujets et suggérer des voies possibles qui vous permettront de sortir du stress. C'est une bonne option lorsque vous souhaitez que vos informations restent confidentielles.

Si vous préférez parler à un inconnu, il existe des conseillers professionnels en ligne et hors ligne. Ils sont formés pour traiter avec des personnalités diverses sur un large éventail de sujets et suggérer des voies possibles qui vous permettront de sortir du stress. C'est une bonne option lorsque vous souhaitez que vos informations restent confidentielles.

N'oubliez pas qu'en fin de compte, la réponse vous appartient. Ceux à qui vous parlez ne peuvent que vous diriger et vous encourager, mais le voyage vous appartient.

Former des relations significatives

Comme nous l'avons mentionné ci-dessus, vous faites peut-être partie de ces personnes qui ont l'impression de n'avoir personne à qui parler même si vous avez de la compagnie. Il y a des gens autour de vous, mais vous ne vous sentez pas suffisamment connecté à l'un d'eux pour partager vos problèmes.

Cette ère des médias sociaux a rendu nos relations instables. Vous passez des heures en ligne à interagir avec toutes sortes de personnes, mais aucune d'entre elles n'est proche de vous. Pour aggraver les choses, les gens n'apportent la meilleure illusion d'eux-mêmes que sur les réseaux sociaux - en gros, en mode soie dentaire. Tout le monde semble y arriver. Vous parcourez des tonnes d'images brillantes de vos pairs dans des emplois apparemment formidables, des maisons et des voitures chics, des relations parfaites, etc. Ensuite, vous regardez votre vie, les problèmes qui vous affligent et vous vous sentez comme si vous étiez au bas du peloton.

Au-delà de la surface, la plupart de ces personnes sont aux prises avec des problèmes comme vous. Ils ne font surtout que faire des apparitions pour le Gram, comme beaucoup d'entre nous. Vous n'avez pas à supporter cette pression des médias sociaux pour être à la hauteur. Vous vous souvenez que nous avons parlé de faire des changements? Cela pourrait être l'un des changements radicaux que vous devez apporter.

Suspendez ou même désactivez vos comptes de réseaux sociaux. Mettez-vous hors ligne et reconnectez-vous avec votre famille, vos amis, vos voisins, vos collègues et vos connaissances. Parlez et écoutez-les. Apprenez à connaître leurs personnalités, leurs rêves, leurs philosophies, leurs passe-temps, leurs douleurs, etc. tout en exprimant les vôtres. Laissez-les devenir votre système de soutien même si vous faites partie du leur. Partager constamment avec des personnes qui se soucient vraiment de vous réduira certainement votre stress.

Façons négatives de faire face au stress

Alcool / drogues

Ceux-ci ne vous stimuleront que pendant un court moment, puis l'effet disparaîtra, vous laissant non seulement avec vos problèmes, mais aussi avec les effets secondaires. Vous serez exposé à des maladies, à une dépendance, à des symptômes de sevrage, etc. qui ne feront qu'aggraver la situation.

Sur / sous-manger

Différentes personnes réagissent différemment au stress. Certains mangeront et mangeront, d'autres prendront à peine une bouchée. La suralimentation entraînera probablement un excès de poids et les problèmes de santé qui vont avec. Une alimentation insuffisante vous privera de l'énergie dont vous avez besoin pour vous occuper de votre vie quotidienne, sans parler de votre stress.

Dormir trop longtemps

Il y a ceux qui passeront leurs journées au lit, les rideaux tirés, faisant à peine la différence entre le jour et la nuit. Qu'est-ce que cela résout? Rien! Fuir vos problèmes pour s'endormir ne les fera pas bouger, ils seront toujours là lorsque vous sortirez enfin du lit.

Abus

Nous avons parlé des passe-temps comme moyen de gérer le stress, mais si vous en abusez, c'est aussi un problème. Vous pouvez regarder des films ou jouer à des jeux vidéo, mais certainement pas toute la journée. Le but est de vous donner une distraction positive pendant un certain temps, pas de vous transformer en patate de canapé. Finalement, vous devez faire un effort pour quitter cette zone de confort et vous occuper des problèmes qui vous causent du stress.

Chapitre 4: Soulagement et gestion de l'anxiété

Maîtrisez vos pensées

L'anxiété est dans votre esprit, en vous attardant sur les résultats négatifs perçus de diverses situations. Lorsque l'inquiétude survient, vous pouvez la laisser passer sans vous faire de mal. Comme quelqu'un l'a dit: «Gardez les portes avant et arrière ouvertes. Laissez les soucis aller et venir. Ne leur servez pas de thé. » Ne vous attardez pas sur eux. Considérez-les comme des nuages qui flottent, vous les voyez un instant, et l'autre après ils sont passés.

Si l'anxiété persiste, vous pouvez transformer les pensées négatives en pensées positives. N'oubliez pas que vos pensées affectent en fin de compte votre comportement. Si vous pensez que personne ne vous aime sur votre lieu de travail, vous agirez comme ça. Vous vous isolerez, éviterez les événements liés au travail et manquerez de travail à chaque occasion donnée. En fin de compte, vos performances en souffriront.

Et si vous vous disiez que vous êtes compétent dans votre travail et un atout pour l'entreprise? Vos actions seront guidées par cette notion. Vous viendrez travailler à temps. Vous travaillerez avec vigueur et vous vous efforcerez de bien communiquer avec vos collègues. Une fois que vous passez vos pensées du négatif au positif, cela se répercute sur tout ce que vous faites.

Identifier les problèmes sous-jacents

Qu'est-ce qui cause vraiment votre anxiété? Pensez-y d'un œil critique. Les problèmes peuvent être liés à votre travail, vos finances, votre mariage, vos relations, votre santé, etc. Pouvez-vous faire quelque chose pour améliorer la situation? Eh bien, agissez. Faire un petit pas vers la recherche de la solution est stimulant et vous donne l'impulsion dont vous avez besoin pour faire face à vos inquiétudes.

Si vous n'êtes pas satisfait de votre travail, parlez-en à un conseiller en carrière, même en ligne. Explorez vos options. Pouvez-vous obtenir une meilleure position sur votre lieu de travail? Pouvez-vous déléguer certaines tâches qui ne vous conviennent pas? Pouvez-vous chercher un autre emploi? Ou démarrer votre propre entreprise? Que diriez-vous de retourner à l'école et d'acquérir plus de compétences pour vous rendre plus commercialisable? Idée de génie. Pesez vos options - les avantages et les inconvénients de chacune. Lorsque vous commencez à agir, la clarté remplace l'anxiété.

Identifiez les déclencheurs

Votre anxiété est-elle accélérée par une certaine vue, un certain son ou un certain souvenir? Identifiez les déclencheurs pour pouvoir les éviter, ou au moins savoir comment y réagir. Disons que vous êtes impliqué dans une bataille pour la garde des enfants après un divorce. Chaque fois que vous voyez un e-mail ou un appel manqué de l'avocat, l'anxiété vous envahit. Et si je perds mes enfants? Que faire si je dois payer des frais de pension alimentaire pour enfants élevés? Eh bien, cela pourrait être le cas; ou pas. C'est un problème auquel vous devez faire face. Vous ne pouvez pas y échapper. Vous ne pouvez concevoir que des moyens de gérer ce déclencheur particulier. Par exemple, vous pouvez indiquer à l'avocat que toute communication doit être effectuée un certain jour de la semaine, par exemple le samedi. Vous passez ensuite cette journée à vous attarder sur cette question, puis vous savez que vous avez une semaine entière de paix avant la prochaine session.

Certains déclencheurs peuvent être évités. Si la conduite sur une certaine route vous rend anxieux en raison d'un certain accident, vous pouvez emprunter un itinéraire alternatif. Ou laissez quelqu'un d'autre conduire.

Une fois que vous serez familiarisé avec les déclencheurs, vous répondrez en conséquence et éviterez d'être submergé par l'anxiété.

Détournez votre attention sur quelque chose que vous appréciez

Une distraction positive agit rapidement pour calmer votre esprit. Écouter de la musique, regarder un film, lire un livre, dessiner, peindre, tricoter, cuisiner, jardiner, danser, jouer d'un instrument ou faire tout ce qui vous rend heureux.

Si une telle activité offre de l'exercice physique, elle sera deux fois plus utile. Un corps actif produit l'endorphine, l'hormone du bien-être, qui vous fait vous sentir heureux, rafraîchi, détendu et améliore votre bien-être général. Choisissez une forme d'exercice que vous aimez et que vous attendez avec impatience. Cela peut être la marche, le jogging, la course à pied, le cyclisme, la natation, l'aérobic, le yoga, etc.

Faites de l'exercice à l'extérieur chaque fois que vous le pouvez. Le pouvoir de guérison de la nature ne vieillit jamais. Sentez la brise dans vos cheveux, la chaleur du soleil et l'odeur musquée de la terre. Apportez une touche de nature dans notre maison en gardant des plantes en pot. Ouvrez les fenêtres - laissez entrer le vent et le soleil. Alors que vous laissez vos sens s'imprégner de la nature, l'anxiété ne sera qu'un sentiment lointain.

Dormez suffisamment

Si l'anxiété vous empêche de dormir la nuit, comme c'est souvent le cas, elle ne fera qu'aggraver la condition en y ajoutant de la fatigue. Essayez d'établir un horaire. La recherche montre que vous dormez mieux lorsque vous vous couchez à la même heure chaque nuit. Vous pouvez avoir un horaire du soir comme l'exercice, le dîner, la douche et le sommeil dans cet ordre chaque jour.

Faites attention à la qualité ainsi qu'à la quantité de sommeil. 8 heures de sommeil profond sont recommandées. Si vous êtes au lit en vous tournant et en vous tournant et en écoutant le bruit dans votre esprit, cela ne compte guère comme un sommeil significatif. Vous vous réveillerez encore fatigué, puis la journée à venir sera difficile pour votre esprit et votre corps, conduisant à encore plus d'anxiété.

En plus de l'horaire fixe, vous pouvez induire le sommeil avec de la musique, de la lecture, un bain moussant, une atténuation des lumières ou tout ce qui fonctionne pour vous. Un esprit reposé affronte un nouveau jour avec clarté et maintient l'anxiété à distance.

Ne vous concentrez pas sur vous-même

Sortez de votre zone de confort et aidez quelqu'un d'autre. Participez à des initiatives d'amélioration communautaire. Bénévole dans un refuge pour sans-abri, un orphelinat pour enfants ou un foyer pour personnes âgées. Là-bas, vous interagirez avec des personnes dont la situation est bien pire, et vous examinerez vos problèmes et ils sembleront diminuer.

Tant de gens vivent pire. Êtes-vous en retard sur le loyer? Au moins, vous avez une maison. Êtes-vous en train de divorcer? Au moins, vous avez une chance d'aimer et d'être aimé en retour. Certains n'ont jamais eu une relation aussi spéciale. Avez-vous des difficultés sur votre lieu de travail? Au moins vous avez un travail.

Accorder du temps aux moins fortunés de la société vous rappelle à quel point vous avez vraiment. Au lieu de vous inquiéter de ce qui pourrait arriver à l'avenir, vous comptez maintenant vos bénédictions et vous ne pouvez pas vous empêcher d'être reconnaissant pour tout ce que la vie vous a donné.

Améliorez votre estime de soi

L'anxiété sociale vient souvent d'un endroit où l'on ne se sent pas assez bien. Vous finissez par éviter les gens et les rassemblements sociaux. Posez-vous des questions sincères sur vos peurs. Quel est le pire qui puisse arriver? De quoi avez-vous peur exactement?

Imaginez-vous entamant une conversation avec vos camarades de classe ou vos collègues. Avez-vous peur de vous exprimer mal et de ne pas être compris? Travaillez ensuite votre communication. Avez-vous peur de n'avoir rien d'important à dire? Travaillez ensuite sur votre contenu afin de bien connaître les informations pertinentes. N'oubliez pas qu'il est possible qu'il n'y ait rien de mal avec vous et la manière dont vous communiquez- les insuffisances sont toutes simplement imaginées. Mettez-vous dehors et laissez la réception vous guider sur la façon de procéder.

Faites un effort pour être présentable. Faites attention à votre hygiène et à votre toilettage. Habillez-vous pour l'occasion. Obtenez de nouvelles tenues. Ou une nouvelle coiffure. Tout ce qui renforce votre confiance réduit votre anxiété sociale et vous permet d'avoir des interactions significatives avec votre entourage.

Apprenez les pratiques de relaxation

Il y a des choses simples que vous pouvez faire pour vous calmer face à une vague d'anxiété. Prendre de grandes respirations est le plus simple de tous, et vous pouvez le faire n'importe où. Ralentissez votre respiration, prenez le temps d'inspirer, retenez votre souffle puis expirez tout aussi lentement. En quelques respirations, vous commencerez à sentir vos muscles se détendre et le rythme cardiaque se stabiliser à mesure que plus d'oxygène circule dans votre circulation sanguine.

Fermez les yeux, surtout si votre environnement immédiat aggrave l'anxiété. Imaginez-vous dans un endroit tranquille et agréable comme un site de pique-nique. Pensez à la manière dont chacun de vos sens prendrait les scènes. Imaginez-vous assis sur l'herbe à côté de votre panier de pique-nique, entouré de verdure, des nuages flottant au-dessus. Imaginez entendre le chant des oiseaux. Et le parfum des sandwichs frais provenant de votre panier. Imaginez-vous allongé là, la tête appuyée sur un oreiller, en train de lire votre roman préféré. Maintenant, ouvrez les yeux. Alto! Le moment anxieux est passé.

L'anxiété provoque souvent des tensions musculaires. Détendez vos muscles en vous tendant puis en relâchant un groupe de muscles à la fois. Commencez par vos pieds et remontez tout le long. Avec le temps, vous apprendrez à identifier l'apparition de tensions musculaires et à faire le nécessaire en temps utile.

Le yoga, la méditation, la musicothérapie et l'aromathérapie sont également des techniques de relaxation que vous pouvez utiliser pour traverser ce moment anxieux. Les détails ont été exposés dans un autre chapitre. Expérimentez les techniques de relaxation pour découvrir ce qui fonctionne le mieux pour vous.

Conseils

Lorsque ces épisodes constants d'anxiété sont laissés sans surveillance, ils peuvent se transformer en anxiété chronique qui devient une caractéristique permanente de votre vie, conduisant souvent à d'autres problèmes de santé. Un conseiller professionnel peut vous aider à identifier la source de votre anxiété, à reconnaître les déclencheurs et à prendre les mesures appropriées pour soulager la maladie.

Il est possible de parler à un ami ou à un membre de la famille, mais il s'agit généralement d'une conversation ponctuelle. Il y aura une conversation émotionnelle, des larmes, des tapotements dans le dos, des câlins, et c'est tout.

Parler à un professionnel assure un suivi. Il y aura des sessions formelles où vous parlerez de vos peurs et de vos inquiétudes. Le thérapeute vous aidera à les déconstruire et à séparer celles que vous pouvez changer de celles pour lesquelles vous ne pouvez rien faire. Votre inquiétude est-elle basée sur quelque chose que vous pouvez changer? Eh bien, alors commencez à agir. Si c'est quelque chose que vous ne pouvez pas changer, alors travaille à l'accepter et à s'y adapter.

pleine conscience

Résistez à l'envie de vous opposer à l'avenir, en vous concentrant plutôt sur le présent. Prenez le temps de remarquer votre environnement. Par exemple, si vous êtes dans votre maison, regardez la disposition de vos meubles. Que diriez-vous de réorganiser les pièces pour un nouveau look? Commencez à les repositionner dans votre esprit. La bibliothèque peut-elle tenir dans ce coin? Pourquoi ne pas rapprocher le canapé de la fenêtre? Et ces coussins pourraient avoir une couleur différente. Écoutez le son de la musique de la chaîne stéréo. Essayez de deviner les instruments joués. Et ces parfums venant de la cuisine? Quelles épices pourraient-ils être? Permettez à votre esprit d'être consommé par ce qui est juste là devant vous. Non pas ce qui pourrait arriver, mais ce qui se passe, et ici l'anxiété n'a pas de place.

Rejoignez un groupe de soutien

Le porteur de la chaussure sait où ça pince, non? Ceux qui souffrent d'anxiété ont les meilleures chances de comprendre ce que vous vivez. Certains qui n'ont pas connu d'anxiété constante ne comprennent pas qu'il s'agit en fait d'une condition. Ils se demandent pourquoi vous ne pouvez pas simplement vous en sortir. Incapable de l'expliquer, vous vous retirerez probablement dans votre cocon et continuerez à combattre les soucis qui affligent votre esprit.

Dans un groupe de soutien, vous serez comme chez vous. Vous écouterez les autres décrire leurs expériences et, parfois, vous aurez l'impression d'exposer votre situation exacte. Une fois que vous réalisez que vous n'êtes pas seul, il vous sera plus facile de vous ouvrir. Vous pouvez ensuite échanger des idées, des mécanismes d'adaptation, des remèdes, etc. Ici, vous pouvez également vous faire des amis qui seront toujours à vos côtés en cas de besoin.

Évitez la tentation d'opter pour la solution miracle. L'alcool, les drogues et la caféine peuvent vous apporter un soulagement immédiat, mais ce n'est que temporaire et, à long terme, aggravera la situation. Visez des progrès lents mais sûrs où vous gérez fondamentalement vos perceptions et vos pensées, et les effets positifs finiront par se refléter dans votre esprit. L'anxiété n'a pas à prendre le dessus sur votre vie; vous pouvez le gérer et continuer votre vie sans interruption.

Chapitre 5: Réinitialisez votre esprit anxieux

Permettez le souci

La première fois qu'une pensée anxieuse traverse votre esprit, vous pouvez essayer de la bloquer, provoquant ainsi encore plus d'anxiété. Donnez-lui du temps, mais pas trop. En fait, certains experts suggèrent que vous devriez prévoir un «temps de souci» où vous pensez réellement de manière critique à ce qui vous dérange.

Par exemple, si vous êtes en retard sur les factures, examinez vos finances d'un œil critique. Regardez vos revenus et dépenses. Dépensez-vous plus que ce que vous gagnez? Pouvez-vous gagner plus à votre emploi actuel, peut-être en faisant des heures supplémentaires ou en assumant des tâches supplémentaires? Pouvez-vous obtenir un deuxième emploi? Pouvez-vous obtenir des emplois en ligne que vous pouvez faire pendant votre temps libre? Si vous ne pouvez pas gagner plus d'argent pour le moment, réduisez vos dépenses. Découpez les éléments non essentiels. Planifiez comment effacer vos factures - par laquelle commencer, combien payer chaque mois, etc.

Voir? Vous avez utilisé votre «temps d'inquiétude» pour trouver quelque chose de constructif - un plan. Maintenant, chaque fois que cette inquiétude particulière commence à flotter dans votre tête, rappelez-vous que vous avez un plan.

Appliquez le même «temps d'inquiétude» à d'autres questions. La plupart du temps, vous vous inquiétez de choses qui ne se sont pas encore produites - ou qui n'ont aucune certitude de se produire - mais vous vous surprendrez à vous charger de «et si?»

Comme dans le cas ci-dessus, vous vous demanderez: que se passe-t-il si je ne peux pas payer de loyer et que je suis expulsé de ma maison? Et si j'atteins la limite de ma carte de crédit? Et si je ne peux même pas me permettre les nécessités?

Encore une fois, rappelez-vous que vous avez un plan. Orientez vos pensées vers le positif. «Je paierai toutes mes factures à temps. Je gagnerai plus. Je paierai mes dettes de carte de crédit. »Après le« moment de l'inquiétude »vient une période de clarté et de calme.

Journal

Au moment où l'anxiété semble envahir votre esprit, écrivez exactement ce que vous ressentez. Vous avez probablement un bloc-notes sur votre téléphone - contournez-le et optez pour un ordinateur portable physique. Il y a du pouvoir à tenir le stylo et à laisser couler l'encre sur une page.

L'écriture vous donne l'impression de décharger l'esprit. Contrairement à parler à quelqu'un où vous pourriez avoir peur de mentionner certaines choses, ici, vous pouvez tout décharger. Vous sentirez le fardeau allégé à chaque phrase.

Une fois les moments anxieux passés, vous pouvez revoir ce que vous avez écrit et l'analyser. Souvent, vous vous rendrez compte que la situation n'est pas aussi mauvaise qu'elle l'était. Ce qui vous cause tout ce souci, c'est plus la perception que la réalité. Vous établirez également le déclencheur de l'anxiété et serez mieux préparé à y faire face la prochaine fois.

Vivre l'instant présent

L'anxiété consiste essentiellement à penser à l'avenir et à ce qui pourrait arriver. Chaque fois que votre esprit tente d'avancer vers cet avenir incertain, ramenez-le dans le présent. Remarquez votre environnement. Les images, les sons et les parfums. Si vous êtes dans un environnement familier qui n'a rien de nouveau à offrir, sortez. L'extérieur fonctionne très bien dans de tels moments.

Laissez vos sens être vigilants. Prenez le temps de remarquer les choses que vous n'avez jamais remarquées auparavant. Regardez les arbres, les ombres, le ciel. Écoutez le chant des oiseaux. Respirez l'odeur musquée de la terre. Au fur et à mesure que vos sens s'imprègnent en ce moment, l'anxiété aura été reléguée à distance.

Distrayez-vous

Portez votre attention sur quelque chose que vous aimez. Peut-être qu'une touche de musique est tout ce dont vous avez besoin pour dissiper l'anxiété. La musique est un véritable guérisseur et vous pouvez l'écouter n'importe où. Composez des chansons édifiantes et inspirantes dans votre téléphone ou iPod. Avec des écouteurs, vous pouvez écouter de la musique n'importe où.

Adoptez un passe-temps ou faites revivre un ancien afin de toujours avoir quelque chose vers lequel basculer lorsque la bataille semble avoir le meilleur de votre esprit. Regardez la télévision, lisez un livre, dessinez, peignez, cuisinez, méditez ou faites tout ce que vous trouvez agréable. Mais n'en abusez pas. N'oubliez pas que l'activité n'est censée vous donner une distraction positive que pendant quelques instants. Ne l'utilisez pas comme échappatoire et ignorez la source de votre anxiété. Laissez-le vous donner un moment de joie pour que vous puissiez revenir avec clarté.

Pensées positives

L'anxiété s'attarde sur la possibilité que de mauvaises choses se produisent - mais le contraire est également vrai, n'est-ce pas? Et si le test revient positif pour une maladie? Eh bien, et si cela revient négatif? Et si mon entreprise échoue? Et si elle prospère réellement? Chaque fois que votre esprit glisse vers des possibilités négatives, orientez-le vers des possibilités positives.

Et si des choses négatives se produisent de toute façon, comme elles le font de temps en temps, vous pouvez les gérer. Réaffirmez-vous. Rappelez-vous que vous êtes fort, résilient et capable. Vous avez déjà traversé des tempêtes et vous l'avez fait en un seul morceau. L'anxiété et les pensées positives ne cohabitent presque jamais - bientôt, vous retrouverez votre calme et votre tranquillité d'esprit.

Simplement fais-le

Si vous êtes anxieux au sujet d'une certaine activité, vous pouvez aussi bien en finir. Passez cet appel téléphonique que vous reportez depuis des jours. Frappez à la porte de votre patron pour exprimer votre inquiétude sur divers problèmes de travail. Parlez à votre partenaire de ces SMS suspects que vous avez rencontrés il y a quelques semaines. Remettez cette lettre de démission. Quel est le pire qui puisse arriver?

Vous ne le saurez jamais tant que vous n'aurez pas essayé. Votre esprit peut évoquer toutes sortes de pires scénarios, mais les choses peuvent ne pas finir si mal. En fait, le sentiment stimulant de faire ce dont vous aviez peur est exactement ce dont vous avez besoin pour vous débarrasser de l'anxiété.

De temps en temps, lorsque l'anxiété frappe, asseyez-vous et passez un moment vide. Ne faites absolument rien. Asseyez-vous confortablement et respirez profondément. Laissez le moment passer, puis portez votre attention sur vos activités habituelles. L'anxiété ressemble souvent à une agitation dans votre esprit, et ces conseils devraient vous aider à calmer tout ce bruit afin que vous puissiez retrouver votre paix.

Chapitre 6: Réinitialisez votre corps pour une santé optimale

La tension exercée sur le corps par les activités quotidiennes perturbe son équilibre naturel et le quitte s'il est compensé. C'est dans cet état de décalage que vous ressentez de la fatigue, du stress, de l'anxiété et augmente même les risques d'autres problèmes de santé.

Tout comme vous réinitialisez une machine de temps en temps pour qu'elle puisse fonctionner de manière optimale, votre corps doit également être réinitialisé périodiquement. Les principaux domaines impliqués dans la réinitialisation du corps comprennent le sommeil, les hormones et le métabolisme.

Dormir

Votre rythme de sommeil suit l'horloge interne, également connue sous le nom d'horloge circadienne. Il s'agit d'un mécanisme qui délivre des signaux au corps quand il est temps de dormir et de se réveiller. La plupart d'entre nous se couchent vers 22 heures et se réveillent à environ 6 heures du matin. Vous remarquerez qu'à chaque fois que cette heure de sommeil approche, vous commencez à vous sentir somnolent. Puis le matin, vous vous réveillerez à peu près à la même heure même sans réveil.

Le corps aime et s'épanouit dans la routine. Si cette routine de sommeil est perturbée, le corps exprimera une plainte d'une manière ou d'une autre. Vous vous sentirez fatigué pendant la journée, ou du moins pendant la majeure partie de la journée, puis vous serez réveillé la nuit. Cela perturbe votre énergie et vous rend moins productif.

Les perturbateurs du sommeil peuvent être externes, comme l'éclairage et la température. De même, ils peuvent être internes tels que la génétique et les hormones. Changer vos habitudes change également votre rythme de sommeil, par exemple lorsque vous faites une sieste pendant la journée ou changez vos heures de repas. Voyager, en particulier lorsque vous traversez des fuseaux horaires différents, est également un facteur majeur affectant les habitudes de sommeil.

Voici quelques conseils que vous pouvez utiliser pour réinitialiser votre sommeil:

1. Manipulez votre éclairage intérieur. Le corps a l'habitude de répondre à la lumière naturelle. Si vous vous allongez dans une pièce sombre pendant la journée, il y a de fortes chances que vous commenciez à vous sentir somnolent. En revanche, si la pièce est éclairée la nuit, vous aurez du mal à vous endormir. Cette technique est particulièrement importante lorsqu'il s'agit de décalage horaire ou d'une sensation similaire. Le décalage horaire est cette sensation de lenteur que vous ressentez lorsque vous avez survolé des fuseaux horaires.

2. Par exemple, vous quittez une région le matin, vous voyagez pendant environ 9 heures et vous prévoyez d'arriver le soir pour pouvoir vous allonger pour vous reposer. Cependant, votre destination se trouve être dans un fuseau horaire différent, donc au lieu d'arriver le soir, vous arrivez un autre matin. Votre corps, habitué à un emploi du temps, est confus. Là, vous essayez de dormir, mais il est midi, avec le soleil qui brille. Peut-être qu'au

moment où votre corps s'habitue à ce fuseau horaire, vous voyagez en arrière et le processus se répète à nouveau. Entraînez votre corps à revenir à votre rythme de sommeil habituel en ajustant l'éclairage.

3. Essayez de vous en tenir à un horaire de sommeil régulier. Dormez et réveillez-vous à la même heure tous les jours. Si vous continuez à dormir et à vous réveiller à des heures différentes, vous envoyez le corps en compensation. Si vous ne parvenez pas à vous endormir, essayez de vous endormir en écoutant de la musique de fond douce, en lisant ou tout ce qui vous convient. Évitez les stimulants tels que la caféine avant le coucher. Éloignez-vous également des appareils électroniques: la télévision, le téléphone et les jeux vidéo vous gardent alerte au lieu de vous endormir.

4. Gérez le stress et l'anxiété, car ils affectent la qualité et la quantité de sommeil. Les soucis dans votre esprit vous incitent à vous tourner et à vous agiter pendant des heures sans dormir vraiment. Le manque de sommeil aggrave encore les conditions, et c'est une spirale descendante à partir de là. Trouvez des moyens relaxants d'induire le sommeil. Résistez à la tentation de toujours chercher des somnifères. Ils fonctionneront au début, mais avec le temps, vous devrez augmenter la posologie, et éventuellement, vous pourriez être dépendant des pilules, en ayant toujours besoin pour pouvoir dormir. Ces médicaments fréquents vous exposent également à des effets secondaires nocifs qui peuvent entraîner d'autres problèmes de santé. La TCC, dont les techniques sont décrites dans ce livre, est un début sûr pour gérer votre stress.

Métabolisme

C'est un autre facteur crucial pour votre bien-être. Le métabolisme concerne les aliments que nous mangeons et la manière dont ils sont digérés et utilisés. Vous pouvez commencer par jeûner pendant une période déterminée - c'est vrai, commencez votre régime alimentaire en ne mangeant pas. Le but ici est de nettoyer votre estomac afin que vous puissiez commencer sur une table rase, littéralement. Des techniques telles que le jeûne intermittent peuvent vous aider à démarrer.

Après cela, démarrez votre métabolisme en sélectionnant soigneusement ce que vous mangez. Une alimentation saine est importante pour tous, mais encore plus importante à mesure que vous vieillissez. Optez pour des repas sains avec des grains entiers, des fibres, des protéines maigres, des glucides complexes, des légumes et des fruits. Limitez les aliments transformés et les fast-foods, en optant plutôt pour des options fraîches. Restez hydraté également - l'importance de l'eau ne peut être surestimée.

Le stress et l'anxiété affectent également votre alimentation. Vous finissez par manger trop ou trop peu. Une alimentation insuffisante vous prive de votre énergie. Trop de nourriture conduit à un excès de poids qui vous expose à un tout nouveau domaine de décomposition et de maladies possibles.

Les hormones

Vos hormones contrôlent un bon nombre de vos fonctions corporelles telles que le métabolisme, les émotions, la libido, la croissance et la reproduction. Voici quelques étapes pour vous aider à réinitialiser vos hormones:

- ☒ Réduisez votre consommation de glucides et de sucres simples. Ils conduisent souvent à une ruée vers le sucre, qui perturbe alors les hormones.
- ☒ Réduisez la consommation de produits chimiques en optant pour des aliments frais par opposition à ceux qui contiennent des édulcorants et des conservateurs.
- ☒ Faites attention à la qualité et à la quantité de votre sommeil, en visant 8 nôtres reposants chaque nuit. Cela donne aux cellules le temps de rajeunir et de guérir, améliorant la sécrétion d'hormones.
- ☒ Protégez votre système immunitaire en évitant les aliments malsains.
- ☒ Réglez la prise de médicaments car ils introduisent des produits chimiques dans le corps qui modifient les hormones.

La régulation de votre sommeil, de vos hormones et de votre métabolisme contribue grandement à ce que votre corps fonctionne à son optimum.

Chapitre 7: Surmonter la panique et l'inquiétude

L'inquiétude est ce sentiment de malaise qui vous saisit lorsque vous pensez aux problèmes de votre vie et à ce qu'ils peuvent entraîner dans le futur. Vous pouvez également vous inquiéter des choses dont vous pensez qu'elles pourraient se produire. Qu'ils finissent par arriver ou non, ces moments d'inquiétude ont déjà volé votre joie et votre paix et n'ont rien résolu. L'inquiétude peut être liée à des questions de santé, de finances, de mariage, de relations, d'emploi, d'affaires, de pressions sociales, etc. Quel que soit le cas, l'inquiétude n'aide guère. Voici quelques-unes des étapes que vous pouvez suivre pour surmonter vos inquiétudes:

Examiner l'inquiétude

Qu'est-ce qui vous inquiète? Est-ce quelque chose que vous pouvez changer? Si vous pouvez faire quelque chose pour remédier à la situation, faites ce pas. Si l'état de votre mariage vous inquiète, prévoyez du temps pour en discuter avec votre conjoint. Renseignez-vous sur les mariages et les relations. Parlez à un conseiller, seul ou avec votre mari / femme. Lorsque vous commencez à faire des efforts pour résoudre le problème, l'inquiétude disparaît. Faites un plan sur la façon de faire face ou de sortir de la situation. Chaque fois qu'une inquiétude vous traverse l'esprit par la suite, rappelez-vous que vous avez un plan en place et que vous travaillez pour régler le problème.

Communiquer

Nous nous inquiétons si souvent de nous demander ce que pensent les autres. Mon partenaire est-il insatisfait de notre relation? Le patron est-il mécontent de ma performance au travail? Mes parents semblent mécontents des décisions que j'ai prises ces derniers temps. Nous tournons et retournons, faisant des suppositions sur ce que les autres pensent de nous.

Avez-vous pensé à interrompre la poursuite et simplement demander? Exprimez vos préoccupations au lieu de les laisser tourmenter votre esprit sans fin. Discutez de votre relation, de votre travail ou de vos décisions avec ceux qui vous préoccupent. Souvent, vous réaliserez que vous vous inquiétiez sans raison. Et si ces personnes ont des pensées particulières à votre sujet, vous en discuterez et éliminerez les doutes.

De plus, gardez à l'esprit que les gens ne pensent peut-être pas à vous autant que vous le pensez. Vraiment. Les gens ont des tonnes de choses à faire et leur propre vie à gérer. Vous pourriez vous inquiéter en vous demandant ce qu'ils pensent de vous, pour découvrir qu'ils ne le font pas.

Occuper

On dit que s'inquiéter, c'est comme une activité de chaise à bascule mais sans progrès. Au lieu de vous attarder sur une inquiétude, trouvez quelque chose pour occuper vos mains. Si vous n'avez pas encore d'emploi, vous pouvez faire du bénévolat. Ou prenez un passe-temps. Tout pour offrir une distraction positive, et peut-être réaliser quelque chose de constructif pendant que vous y êtes.

Visez de petites victoires. Même si vous n'avez pas de travail, vous pouvez prendre le temps de rédiger et de concevoir un CV exquis. Ou rédigez un plan d'affaires. Ou même nettoyer, désencombrer et réorganiser la maison. L'inquiétude est inconstante. Dès que vous portez votre attention sur autre chose, cela disparaît.

L'inquiétude ignorée peut devenir si intense qu'elle se transforme en panique, qui est une peur ou une anxiété brutale et incontrôlable. Parfois, cela peut se transformer en une crise de panique complète qui implique une peur soudaine et intense qui vous envahit en quelques minutes. À ce moment-là, vous tremblerez, transpirerez et aurez du mal à respirer. Votre cœur bat la chamade et vous aurez du mal à vous ressaisir. Voici quelques étapes que vous pouvez suivre si vous vous trouvez au milieu d'une crise de panique:

1. Reconnaissez que vous avez une crise de panique, qui peut être confondue avec une crise cardiaque par un œil externe. Si des gens se précipitent vers vous pour vous aider, faites un effort pour leur faire savoir que vous êtes confronté à une crise de panique, afin qu'ils puissent vous offrir le bon type d'aide. Rappelez-vous que tout comme cela vient rapidement, cela disparaît aussi vite. Cela devrait vous donner le courage de vous y accrocher jusqu'à ce que le moment passe.

2. Respirez profondément, laissez l'air remplir votre poitrine, maintenez pendant quelques secondes puis expirez. Cela peut sembler beaucoup à maîtriser dans le feu de l'action, mais essayez de faire un effort. N'oubliez pas que l'attaque s'accompagne d'une hyperventilation, où vous prenez des respirations courtes et superficielles. Cela prive votre corps d'oxygène et vos muscles commencent à se resserrer. La tension musculaire est la dernière chose dont vous avez besoin lorsque votre corps

est dans ce moment de faiblesse. La respiration profonde vous permet de retrouver votre calme rapidement.

3. Si vous êtes en public où toutes sortes de choses se passent en même temps, ou si vous avez un déclencheur visuel particulier, fermez les yeux. Essayez de vous imaginer dans un endroit sûr et familier, comme dans votre maison ou votre bureau. Imaginez à quoi ressemble cet endroit et engagez vos sens pour avoir la sensation de voir et d'entendre ce qui s'y passe. Cela vous apportera un peu de répit et l'attaque s'apaisera.

4. Si vous êtes à l'intérieur ou dans un endroit plus sûr, regardez un objet en particulier et concentrez toute votre attention dessus. Disons que vous venez de subir une attaque de panique à votre bureau au bureau. Portez immédiatement votre attention sur le pot de fleurs à proximité. Regardez les couleurs, les formes et les contours. Le but ici est de concentrer votre esprit qui a été dispersé par l'attaque. Une fois que vous distrayez votre esprit, le moment anxieux perd de son intensité et disparaît rapidement.

5. Une fois le moment passé, essayez d'identifier le déclencheur pour être prêt à y faire face la prochaine fois. Regardez une série d'attaques de panique et voyez si vous pouvez identifier un modèle. Qu'avez-vous vu, entendu ou senti juste avant l'attaque? Vous pouvez choisir de l'éviter ou de changer votre façon de penser afin qu'elle ne soit plus considérée comme une menace.

La prochaine fois que vous vous inquiétez et paniquez, vous savez maintenant quelles mesures vous pouvez prendre pour apaiser votre esprit.

Chapitre 8: Techniques de relaxation pour induire le calme

Les techniques de relaxation sont utiles dans la gestion du stress, de l'anxiété et des crises de panique. Ces techniques sont simples et ont des exigences minimales, ce qui vous donne la liberté de les faire presque partout et à tout moment. Il est également possible de combiner 2 techniques ou plus pour cet effet supplémentaire. Tant que vous pouvez trouver une pièce calme où vous pouvez vous asseoir confortablement, vous êtes prêt pour une technique de relaxation de votre choix.

Respiration profonde

Une respiration profonde simple mais puissante offre un soulagement instantané à un esprit troublé. Une poussée d'anxiété ou de panique vous pousse à prendre rapidement des halètements peu profonds. Cela réduit l'apport d'oxygène dans votre circulation sanguine, provoquant une tension musculaire. La technique de relaxation respiratoire profonde vise à attirer plus d'air dans votre corps, ce qui ralentit la fréquence cardiaque, stabilise la pression artérielle et détend les muscles.

Prenez une longue et lente respiration communément appelée respiration abdominale ou abdominale. Laissez l'air remplir votre poitrine et votre ventre, maintenez la pression pendant quelques secondes, puis expirez. Lorsque vous vous concentrez sur votre respiration, les pensées anxieuses disparaissent progressivement.

Relaxation musculaire progressive

Cette technique vous aide à identifier la tension musculaire et à y faire face. Vous vous concentrez sur un groupe musculaire à la fois. Commencez par quelque chose d'aussi simple que le poing. Serrez votre poing pendant quelques secondes puis relâchez, en répétant si nécessaire. Votre main doit être plus légère et plus détendue.

Répétez la même chose pour vos pieds, vos cuisses, vos épaules, etc. Prenez le cou aussi loin que possible de chaque côté. Sentir la différence? Au fur et à mesure que la tension disparaît de vos muscles, votre esprit se sent plus calme. Avec le temps, vous serez en mesure d'identifier la tension musculaire dès qu'elle s'installe et d'agir en conséquence.

Visualisation

Imaginez-vous dans un endroit magnifique, relaxant et calme, qu'il soit réel ou simplement le fruit de votre imagination. Fermez les yeux et imaginez-vous allongé sur la plage, par exemple. Laissez tous vos sens prendre vie. Que voyez-vous, entendez-vous, sentez-vous ou touchez-vous?

Pensez à l'étendue de l'eau bleue qui s'étend aussi loin que vos yeux peuvent voir. Pensez au bruit des vagues qui se brisent. Sentez le mélange de l'eau de mer et de l'arôme alléchant de la nourriture provenant du restaurant voisin. Sentez vos pieds nus s'enfoncer dans le sable et votre corps absorber la chaleur du soleil. Une visualisation aussi vivante permet à votre esprit et à votre corps de ressentir la sensation d'être dans un endroit différent où l'inquiétude et l'anxiété sont la dernière chose qui vous préoccupe.

Yoga

Le yoga est excellent pour le corps et l'esprit. Les rebondissements impliqués aident à libérer des endorphines, les mêmes hormones de bien-être qui sont libérées pendant l'exercice physique. Les hormones vous permettent de vous sentir plus stable, plus heureux et plus énergique.

Le yoga est une activité douce et de faible intensité que vous pouvez pratiquer sans effort, même lorsque vous vous sentez déprimé. Vous pouvez également intégrer d'autres techniques de relaxation dans le yoga, telles que la respiration profonde et la méditation que nous examinerons ensuite.

Méditation

La méditation est liée au yoga mais a moins de mouvement. Vous êtes essentiellement assis confortablement, de préférence avec les jambes croisées et les bras croisés pour que vos poignets reposent sur les genoux. Tout comme la pose de yoga de base.

Essayez la respiration triangulaire là où vous inspirez, comptez jusqu'à 3, maintenez, comptez jusqu'à 3 puis expirez avec une marge similaire. Augmentez progressivement le nombre jusqu'à ce que vous soyez à l'aise. En respirant profondément, imaginez une vague de relaxation vous traversant. Vous pouvez ajouter un chant d'affirmation à votre méditation. Dites quelque chose de positif et de responsabilisant comme «Je suis en bonne santé et entier. Je suis courageuse. Je peux surmonter cela ». Les mots d'affirmation s'infiltreront dans votre système, effaçant davantage votre inquiétude et votre anxiété.

Musicothérapie

La musique, le bon type de musique, a un effet apaisant instantané sur le corps et l'esprit. Heureusement, vous pouvez transporter de la musique n'importe où. Recueillez de la musique inspirante et édifiante et ayez-la à proximité. Chaque fois que vous vous sentez stressé, inquiet ou paniqué, vous pouvez écouter une mélodie et vous imprégner des belles paroles et mélodies.

Vous n'avez même pas besoin d'attendre que votre esprit soit troublé pour jouer de la musique. Jouez-le dès le matin pour commencer votre journée sur une bonne note. Jouez dans la voiture en vous asseyant dans la circulation. Vous pouvez même avoir de la musique douce en arrière-plan sur votre lieu de travail si cela est autorisé. Profitez pleinement de cette technique de relaxation facilement disponible pour calmer votre esprit.

Aromathérapie

Un beau parfum a un effet stimulant instantané sur votre humeur. Les parfums de sources telles que la lavande, le jojoba, la citronnelle, la camomille et l'eau de rose sont principalement utilisés en aromathérapie. Ils peuvent être conditionnés sous différentes formes telles que bougies, gel douche, désodorisant, parfum ou encens.

Toutes ces options sont disponibles sur le marché. Choisissez ce qui fonctionne pour vous - différents parfums plaisent à différentes personnes. Obtenez-le sous une forme compacte que vous pouvez transporter n'importe où. Encore une fois, vous n'avez pas à attendre que l'inquiétude frappe. Vous pouvez avoir le parfum de votre choix autour de vous toute la journée pour garder votre humeur. Si l'anxiété frappe de toute façon, inspirez profondément l'odeur et répétez si nécessaire, et profitez de la sensation de calme qui vous envahit.

Examinez ces techniques et sélectionnez ce qui fonctionne pour vous. Vous pouvez expérimenter de l'un à l'autre jusqu'à ce que vous identifiiez celui qui induit le mieux le calme pour vous. De plus, pensez à votre environnement afin de pouvoir évaluer quelle technique peut être adaptée confortablement.

Ne vous inquiétez pas si l'effet n'est pas aussi rapide que vous le souhaitez. Ce qui fonctionne comme par magie pour une personne peut ne pas fonctionner pour l'autre. Continuez à essayer et à explorer. Si quelqu'un ne semble pas pouvoir fonctionner efficacement, essayez également différentes combinaisons. Ensuite, vous n'aurez plus à vous soucier de la lutte contre l'inquiétude constante, votre solution sera juste à une longueur de bras.

Chapitre 9: Dépasser la douleur et la tragédie

Avez-vous vécu des expériences négatives dans le passé dont vous ne parvenez pas à lâcher prise? Les expériences ici peuvent aller de la perte d'un être cher, au rejet, à un accord rompu, à la rupture d'une relation, à un conflit non résolu, aux épreuves de l'enfance, au viol, au divorce, à une fausse couche, etc. De telles tragédies peuvent laisser des blessures physiques et psychologiques profondes qui demandent des efforts délibérés pour guérir.

Comment savez-vous que vous n'avez pas guéri de la douleur? Il y a de fortes chances que vous vous sentiez engourdi chaque fois que vous pensez à l'incident. Votre corps essaie de faire face en excluant les pensées liées. Vous pouvez également vous sentir déconnecté des gens et de la réalité. Vous êtes paranoïaque et développez une méfiance envers les gens autour de vous, même s'ils ne veulent pas de mal. Comment pouvez-vous dépasser cela?

Acceptez

Pourquoi cela m'est-il arrivé? Qu'ai-je fait de mal? Qu'est-ce que les mauvaises choses arrivent aux bonnes personnes? Vous avez dû vous poser ces questions une dizaine de fois. Malheureusement, personne n'a les réponses. Le mieux que vous puissiez faire est d'accepter que vous ayez été victime de circonstances malheureuses - et non, pas parce que vous avez fait quelque chose de mal. Vous n'êtes pas puni. Ces choses arrivent.

Accepter vous empêche de vivre dans le déni. Tant que vous posez ces questions, vous êtes éphémère avec l'idée que l'événement ne s'est pas réellement produit - comme vous pourriez sortir de la stupéfaction pour constater que les choses sont revenues à la normale - ou que l'incident peut réellement " pas arrivé. »

Dites après une fausse couche, vous continuez d'espérer que vous vous réveillerez et que vous vous retrouverez à nouveau enceinte. Ou après un accident qui vous a laissé sur un fauteuil roulant, une partie de vous anticipe toujours que les cicatrices disparaîtront du jour au lendemain et que vous marcherez à nouveau.

De telles pensées vous apporteront un certain réconfort temporaire mais ne vous aideront pas du tout. Ils vous empêchent seulement de poursuivre la vraie guérison.

N'oubliez pas qu'il est possible de souffrir sans le reconnaître. Vous êtes peut-être impliqué dans l'alcool et la drogue, et appelez cela simplement vous amuser. Ou vous êtes un solitaire qui évite d'interagir avec les gens, et vous direz simplement que vous êtes introverti. Pourtant, au-delà de la surface, vous faites face à la douleur de votre passé, qui dirige vos actions.

Parlez-le

Ceux qui vivent un traumatisme ont tendance à éviter les gens, principalement parce qu'ils ne veulent pas parler du problème particulier. Parler vous aide à l'accepter, c'est exactement ce dont vous avez besoin. Il faut du courage pour parler, surtout si vous avez enterré les souvenirs de l'incident pendant longtemps. Vous pouvez bégayer, pleurer, vous effondrer - mais c'est en fait un signe positif du début de la guérison.

Il est utile de parler à un ami ou à un membre de la famille, mais plus encore à un conseiller qualifié qui connaît bien des circonstances similaires. Même lorsque vous n'avez pas reconnu votre douleur, un thérapeute vous aidera à relier vos actions à diverses incidences de votre passé. Obtenir une aide professionnelle assure également un suivi.

Le conseiller évaluera votre situation et établira une durée approximative de votre thérapie. Au fur et à mesure que la session progresse, vous continuerez à vous ouvrir petit à petit. Certaines tâches peuvent également vous être confiées, comme appeler une certaine personne et lui présenter des excuses, ou écrire une liste de choses que vous auriez voulu dire à votre proche avant son décès.

Ces choses sont difficiles à exprimer au début, mais avec le temps, cela devient plus facile et le fardeau s'allège.

Écris le

Si parler semble trop intimidant pour commencer, essayez de l'écrire. Avec l'écriture, vous êtes seul avec vos pensées, sans le sentiment que quelqu'un essaie de vous interroger. Écrivez exactement ce que vous ressentez, avec autant de mots que vous le jugez nécessaire. Oubliez la grammaire ou la ponctuation correcte, versez simplement votre cœur en mots.

Vous pouvez vous sentir brisé dans le processus, alors que de vieilles blessures se fendent et libèrent des secrets qu'elles gardent depuis si longtemps, mais tout cela fait partie du processus. Considérez l'écriture comme un transfert de votre fardeau vers ce bloc-notes. Vous pouvez même choisir de permettre à votre thérapeute de parcourir votre journal pour avoir une idée de ce que vous ne pourriez peut-être pas exprimer verbalement.

Pardonner

L'un des éléments les plus cruciaux de la guérison de la douleur passée est de pardonner à ceux qui vous ont fait du mal. Ce n'est certainement pas facile. Pensez à ce partenaire qui a rompu une relation dans laquelle vous aviez tant investi, ce conjoint qui a demandé le divorce après tant d'années ensemble, ce conducteur ivre qui a emmené votre être cher, ce membre de la famille qui vous a violée dans votre enfance, ce patron qui vous a viré après tout le travail que vous aviez fait dans ce travail. Comment pouvez-vous leur pardonner après toute l'angoisse qu'ils vous ont causée?

Gardez à l'esprit ici que le pardon est pour vous d'abord. Pour vous libérer de cet esclavage mental. Tenir la douleur vous fait mal, pas eux. On a dit que garder rancune, c'était comme prendre du poison et s'attendre à ce que l'autre personne meure. Malheureusement, si quelqu'un «meurt» ici, c'est vous. Leur pardonner ne leur fait pas une faveur - la faveur est à vous.

Pardonne-toi aussi. Pour les choses que vous avez faites sans réfléchir dans le passé et qui vous ont fait souffrir, à vous et aux autres. Pour cet avortement. Pour ce partenaire que vous auriez dû mieux traiter. Pour l'accident, vous avez causé par l'alcool au volant. Pour aller à l'encontre des conseils de vos parents. Demandez pardon le cas échéant. Nous commettons tous des erreurs, mais nous pouvons dépasser cela et forger un avenir meilleur.

S'adapter à une nouvelle vie

Si le traumatisme a fondamentalement changé votre vie d'une manière ou d'une autre, commencez à vous habituer à la nouvelle vie. Si un accident vous a laissé immobile, commencez à apprendre à utiliser un fauteuil roulant. Si vous avez perdu un conjoint, commencez à vous habituer à prendre des décisions seul en tant que veuve ou veuf. Avez-vous perdu votre entreprise? Pensez à être employé pendant un certain temps pour vous remettre sur pied. Il est normal de pleurer ce qui est perdu, mais pas trop longtemps. Faites un effort pour revenir à la vie.

Chapitre 10: Pratiquer l'approche de la pleine conscience

La pleine conscience implique la concentration consciente de l'attention sur le moment actuel. Cela peut sembler une chose facile et que vous faites tout le temps, mais ce n'est pas le cas.

Pensez-y. Que faites-vous en ce moment? Vous découvrirez que vous passez l'aspirateur sur le tapis, tout en gardant un œil sur le bébé et en pensant au rendez-vous chez le médecin. Oh, vous écoutez également cette publicité à la télévision, et cela vous rappelle vos années à l'université. Voir? Votre esprit est sur plusieurs choses à la fois. À un moment donné, vous êtes dans le présent, l'autre vous pensez à l'avenir, puis à un moment donné, vous avez un flash-back.

Lorsque vous vous asseyez à votre bureau au travail, vous pensez au rapport sur lequel vous travaillez et vous vous demandez comment se déroulera cette réunion sur les finances. Vous vous souvenez avec appréhension de la dernière réunion et des moments de tension pendant lesquels l'équipe tentait d'expliquer la baisse des marges bénéficiaires. Vous avez également un œil sur l'horloge: il est presque l'heure du déjeuner et la faim se fait sentir. Vous vous promettez de visiter ce restaurant à un pâté de maisons.

Ces scénarios sont-ils familiers? Nous n'y pensons presque jamais, mais à aucun moment, nos pensées sont dispersées dans tant de directions différentes. Si vous pouvez les compter un par un, vous trouverez environ 5 choses dans votre esprit à la fois. Nous surchargons constamment nos esprits. Faut-il s'étonner alors que nous soyons si souvent en proie au stress et à l'anxiété?

Techniques pour pratiquer la pleine conscience

L'approche de pleine conscience vous encourage à ralentir et à apprécier le moment présent. Il existe un certain nombre de techniques que vous pouvez utiliser pour pratiquer la pleine conscience:

Méditation: Asseyez-vous tranquillement dans un endroit calme sans distractions. La plupart des gens préfèrent s'asseoir avec les jambes croisées et les bras tendus, comme la posture de yoga de base. Cependant, vous pouvez vous asseoir dans n'importe quelle position que vous trouvez confortable. Concentrez-vous sur votre respiration. Vous pouvez ajouter un mantra encourageant ou affirmant à la méditation. Répétez des mots tels que «Je suis en bonne santé et entier» encore et encore. Laissez les pensées aller et venir sans leur accorder beaucoup d'attention.

Écoutez vos sens: regardez. Ecoutez. Odeur. Toucher. Goût. Laissez tous vos sens être attentifs aux stimuli qui les entourent. Ne pensez pas trop aux stimuli. Remarquez-les et laissez-les partir.

Sensations corporelles: faites attention aux parties de votre corps à tour de rôle. Soyez attentif à la sensation d'oppression, de picotements ou de démangeaisons dans chaque partie de votre corps. Commencez à partir d'un point, comme les pieds, et continuez jusqu'à la tête. Concentrez votre esprit sur cette sensation particulière et permettez à votre esprit de la ressentir pleinement.

Émotions: comment vous sentez-vous? Êtes-vous heureux, en colère, frustré, anxieux, déçu ou stressé? Acceptez les émotions sans vous attarder dessus. Laissez-les simplement être.

Intégrez l'approche de la pleine conscience à votre vie quotidienne

Vous n'avez pas besoin d'attendre la fin de la journée pour vous asseoir dans un coin et pratiquer une technique de pleine conscience. Vous pouvez le pratiquer dans votre vie quotidienne où que vous soyez. Regardons quelques exemples de vie dans l'instant.

- ☒ Lorsque vous conduisez, concentrez-vous sur ce qui se passe à ce moment précis. Résistez à la tentation de vous attarder sur les embouteillages, les conducteurs ennuyeux, cette réunion pour laquelle vous arrivez en retard ou les itinéraires alternatifs que vous auriez pu emprunter. De telles pensées ne feront qu'alourdir votre esprit et n'amélioreront pas la situation de toutes les manières. Au lieu de cela, regardez les arbres bordant les rues, les allées et les gens qui passent. Ne les analysez pas. Jetez-y un coup d'œil et permettez à toutes les pensées d'aller et venir. Écoutez les voitures hululer. Sentez la nourriture du restaurant de restauration rapide à proximité. Sentez la texture du volant contre vos mains. Et la pression des pédales d'accélérateur contre votre pied. Comme la plupart des gens se stressent stupidement dans la confiture, vous serez calme et en paix.

- ☒ Pendant que vous vous asseyez au bureau, prenez quelques minutes pour remarquer les sensations dans votre corps. Remarquez ces muscles qui se contractent après avoir été assis pendant des heures. Ce serait un moment idéal pour pratiquer la technique de relaxation musculaire progressive. Traitez avec un groupe musculaire à la fois. Vous pouvez commencer par les pieds et remonter progressivement. Serrez le pied, maintenez pendant quelques secondes, puis relâchez. Répétez si nécessaire. Vous devriez sentir instantanément la différence entre ce pied et l'autre - il sera plus léger et plus détendu. La tension musculaire devrait disparaître au moment où vous avez terminé l'exercice et votre corps sera à l'aise.

- ☒ Lorsque vous visitez le parc, asseyez-vous, inspirez et prenez l'air frais de la nature. Prenez de grandes respirations en laissant l'air reposer un peu dans votre poitrine avant d'expirer. Remarquez les oiseaux, les arbres, le ciel. Ce n'est pas le moment de penser à ce patron auquel vous ne semblez pas plaire, ni aux factures qui s'accumulent, ni à la relation qui s'est détériorée après que vous y ayez tant investi. Cela, s'inquiéter pour toutes sortes de choses assis sur une couverture de pique-nique dans le parc, serait un terrible gaspillage d'une opportunité de vivre dans un beau cadeau.

- ☒ Lorsque vous êtes à table en train de déjeuner, ne vous opposez pas à toutes les tâches que vous ne semblez pas pouvoir accomplir. Concentrez-vous sur votre nourriture. Inspirez le bel arôme. Remarquez les ingrédients et les épices avec toutes les couleurs et textures qu'ils ont. Prenez une bouchée, en mâchant lentement, permettant aux saveurs de fusionner et d'attiser votre langue. Remarquez comment le goût de la nourriture change à mesure que vous continuez à mâcher. Sentez la nourriture couler dans votre gorge et imaginez tout le bien qu'elle fait pour votre corps. Répétez, morsure après morsure, jusqu'à ce que vous ressentiez la plénitude. Vous serez surpris qu'une demi-heure environ se soit écoulée avec votre esprit concentré sur la nourriture, avec tous les autres soucis à distance. Au moment où vous reviendrez de cette stupéfaction positive, votre esprit sera clair et vous pourrez alors procéder à vos autres activités avec précision.

☒ Pendant l'exercice physique, ressentez les sensations pendant que votre corps bouge. Remarquez que les muscles se tendent et se détendent. Sentez la pression sur vos pieds lorsqu'ils atterrissent sur la piste de jogging. Remarquez que vos émotions deviennent plus positives à mesure que le corps libère des endorphines qui vous rendent plus heureux. Sentez les vagues monter contre votre peau en nageant. Écoutez chaque sensation, sans trop insister sur elles. Laissez les pensées qui l'accompagnent aller et venir sans jugement. Si vous faites de l'exercice à l'extérieur, concentrez votre attention sur les éléments de la nature. Sentez le vent dans vos cheveux et la chaleur du soleil sur votre peau. En plus des nombreux avantages de l'exercice physique, la pratique de la pleine conscience vous laisse une tranquillité inégalée.

Commençant

Il est possible que vous soyez si habitué au multitâche dans votre esprit que l'idée de se concentrer uniquement sur le moment présent semble intenable. Si vous débutez, vous commencez par apprendre à vous concentrer. La méthode de méditation fonctionne mieux pour les débutants. Ici, vous vous concentrerez sur la respiration naturelle et la répétition d'une phrase.

Cela peut ne pas être relaxant au début. En fait, au début, vous pouvez avoir du mal avec tout le concept. L'esprit prend environ 20 minutes avant de s'installer, et plus longtemps pour les autres. Ne vous attardez pas sur la difficulté. Suivez le courant. Respirez, répétez la phrase, puis laissez ces pensées s'envoler.

Si vous n'arrivez toujours pas à comprendre, trouvez de la compagnie. Avoir quelqu'un à côté de vous qui essaie la même technique vous encouragera à continuer d'essayer. Vous pouvez également engager un professionnel, qui observera votre pratique et recommandera des améliorations que vous pouvez apporter.

Avantages de l'approche de pleine conscience

En vous apprenant à vous concentrer sur une chose à la fois, cette approche améliore votre concentration. Chaque fois que vous trouvez que vos pensées s'emballent, vous pouvez maintenant les rediriger vers une chose particulière.

Une notion qui a été répétée individuellement dans les techniques est celle de laisser passer les pensées. Ici, vous regardez les pensées comme si elles étaient une entité distincte de vous-même. Ils entrent et partent. Vous pouvez appliquer cette technique à d'autres domaines de votre vie. Lorsque des pensées sur un certain problème vous dérangent, vous pouvez les laisser passer. Ne les laissez pas transformer votre esprit en champ de bataille.

Cela signifie-t-il que vous ignorez les problèmes que vous rencontrez? Absolument pas. Nous avons déjà évoqué la planification d'un «moment d'inquiétude», où vous pensez rationnellement à vos problèmes et prenez des mesures pour les résoudre. Trop réfléchir et s'inquiéter ne fait aucune différence. Par conséquent, en dehors du temps d'inquiétude, ne vous attardez pas sur les pensées - laissez-les simplement aller et venir.

En laissant passer les émotions, comme cela est souligné dans l'une des techniques de pleine conscience, vous apprenez à accepter. Vous comprenez qu'il y aura des situations qui vous rendront triste, en colère ou frustré. C'est la nature de la vie. Lorsque les émotions viennent, vous pouvez les laisser partir sans jugement.

Vous n'avez pas à vous attarder sur celui qui vous a fait du tort. Vous n'avez pas à vous demander ce qui les fait se comporter de la manière dont ils l'ont fait. Vous ne passerez pas non plus de temps à vous demander pourquoi une telle chose vous arriverait. Vous allez simplement le laisser passer.

La pleine conscience est une technique efficace pour faire face au stress, à l'anxiété et aux crises de panique. Ces conditions sont provoquées par l'inquiétude constante de ce qui se passe et de ce qui peut arriver à l'avenir. Vous pourriez souffrir de ces conditions en cas de perte, de divorce, de batailles pour la garde, de contraintes financières, de problèmes de travail, de relations instables, etc.

Chaque fois que vous vous sentez submergé par les inquiétudes, vous pouvez laisser ces pensées passer et porter votre attention sur votre environnement immédiat.

Comme l'enseigne la TCC, vos pensées se traduisent par vos actions. Si vous êtes agité, cela se manifestera également physiquement. Vous allez vous agiter et faire les cent pas, en essayant d'effectuer une tâche de l'autre, sans réussir à faire quoi que ce soit de significatif. Une fois que vous apportez du calme à votre esprit et lui permettez de se concentrer sur quelque chose, vous pourrez également vous concentrer sur quelque chose physiquement. Cela vous permet d'utiliser votre temps correctement et d'accomplir un travail important.

Lorsqu'il s'agit d'une attaque de panique, «se concentrer sur le moment» donne l'impression que cela ne fera qu'empirer les choses. Ici, vous pouvez utiliser la technique de méditation qui consiste principalement à respirer et à chanter. Même respirer seul peut aller si vous êtes trop essoufflé pour prononcer les mots. L'hyperventilation, souvent causée par des crises de panique, vous oblige à prendre des respirations rapides et superficielles. Cela limite la quantité d'oxygène circulant dans votre système, ce qui aggrave encore la situation. La respiration profonde a introduit un afflux d'oxygène aidant à surmonter l'attaque.

Les techniques de pleine conscience sont simples et peuvent être effectuées presque partout. Lorsque l'anxiété semble avoir raison de vous, vous pouvez prendre une demi-heure environ pour pratiquer la pleine conscience et ramener vos sens à l'équilibre.

La pleine conscience fonctionne pour la situation actuelle et aussi pour l'avenir. Comme toute autre compétence, il faut de la pratique pour se perfectionner. Plus vous vous engagez dans la pleine conscience, mieux vous y parvenez. Au début, il en faut beaucoup pour effacer les pensées proliférantes de votre esprit - et même lorsque vous faites et essayez de vous concentrer sur le présent, une ou deux pensées errantes essaieront de s'immiscer. Avec le temps, vous vous améliorez. Vous pouvez vous concentrer sur le moment actuel pendant une demi-heure sans interruption. Finalement, vous serez un pro, avec la possibilité de sortir de vos soucis en une fraction de seconde et de vous laisser tremper sur le moment. La pleine conscience est un cadeau bienvenu pour ceux qui souffrent de stress et d'anxiété ainsi que pour ceux qui souhaitent le garder à distance. Pratiquez-le aussi souvent que vous le pouvez, et cela vous sera utile lorsque vous en avez besoin.

Conclusion

Nous sommes heureux que vous ayez atteint la fin de ce livre sur la gestion du stress et de l'anxiété. Vous avez peut-être déjà essayé d'autres remèdes, mais maintenant que vous êtes ici, nous pouvons supposer qu'ils n'ont pas fonctionné. La TCC est-elle la solution pour vous? Eh bien, nous vous laisserons cette décision. Notre objectif ici était de nous assurer de fournir les informations les plus complètes sur la TCC et de répondre à la plupart, sinon à toutes les questions que vous pourriez avoir. Nous espérons vraiment que nous y sommes parvenus à votre satisfaction.

Maintenant que vous êtes bien informé, vous pouvez commencer à agir pour libérer votre esprit de l'émotion négative qui vous tourmente. Avez-vous identifié les croyances et les schémas de pensée qui ont alimenté votre stress, vos crises de panique ou votre anxiété? N'oubliez pas que ce ne sont pas les circonstances - mais la façon dont vous y répondez dans votre esprit - qui fait la différence.

Formulez un plan pour apporter les changements dont vous avez besoin. Commencez à vous parler positivement. Au lieu de vous attarder sur les choses négatives que vous avez vécues, cultivez un cœur de gratitude en comptant ce que vous avez.

Demandez à un partenaire de marcher avec vous - un partenaire à qui vous pouvez parler confortablement et exprimer les émotions que vous vivez. Que vous choisissiez un ami / un membre de votre famille ou que vous alliez à une séance de thérapeute professionnel, le choix vous appartient, selon votre situation. Quoi qu'il en soit, avoir de la compagnie en plus de vous augmente les chances d'adhérer au programme et de vous débarrasser de votre détresse émotionnelle pour de bon.

Vous n'êtes pas obligé d'effectuer un changement radical à la fois. Changer les croyances et les schémas de pensée qui font partie de votre vie depuis si longtemps prendra du temps. Commencez à rédiger un journal de guérison pour pouvoir toujours noter ce que vous ressentez et identifier les schémas - positifs ou négatifs - qui se forment en cours de route. Vous utiliserez ces informations pour déterminer les techniques particulières qui fonctionnent pour vous et celles qui ne fonctionnent pas.

N'abandonnez pas si vous ne constatez pas de changement significatif tout de suite. La thérapie cognitivo-comportementale n'est pas une solution miracle. Le changement est lent mais sûr. Vous pouvez encore ressentir des périodes de stress et d'anxiété en cours de route, mais elles devraient diminuer au fur et à mesure.

Le stress, l'anxiété et les crises de panique peuvent faire face à une grosse entorse dans votre vie. Ils vous privent non seulement de la paix et de l'énergie dont vous avez besoin pour vous occuper de vos activités quotidiennes, mais augmentent également votre risque d'autres maladies. Une mauvaise santé ne fait qu'augmenter votre stress, puis c'est une spirale descendante à partir de là.

Cela ne doit pas être votre histoire. Vous pouvez prendre en charge vos pensées et les orienter vers la positivité. Vous pouvez réinitialiser votre corps et votre esprit pour être plus conscients des déclencheurs et y répondre de manière appropriée. La gestion de l'anxiété ou du stress n'est pas hors de portée - vous pouvez utiliser cette forme de thérapie pour retrouver votre paix et votre calme et commencer à vivre pleinement votre vie.

Lightning Source UK Ltd.
Milton Keynes UK
UKHW031043240221
379286UK00003BB/262

9 781801 335041